L 2 n 14

mq! pages 27-30

MÉMORIAL
PITTORESQUE
DE LA FRANCE,

OU

RECUEIL de toutes les belles Actions, Traits de Courage, de Bienfaisance, de Patriotisme et d'Humanité, arrivés depuis le Règne de HENRI IV jusqu'à nos jours;

Par M. L. B***.

Avec des Planches gravées en couleurs par M. DE MACHY, d'après les Dessins de MM. LE BARBIER, Peintre de l'Académie; DUVIVIER, Peintre de S. A. S. Mgr. le Duc de Bourbon; et autres célèbres Artistes.

IIIe. LIVRAISON.

A PARIS,
DE L'IMPRIMERIE DE MONSIEUR.

Chez { L'AUTEUR, rue Saint-Pierre du Pont-aux-Choux, N°. 24.
      { DIDOT le jeune, Imprimeur, quai des Augustins.

M. DCC. LXXXVII.

AVEC APPROBATION, ET PRIVILÉGE DU ROI.

MÉMORIAL
PITTORESQUE
DE LA FRANCE,

OU

RECUEIL de toutes les belles Actions, Traits de Courage, de Bienfaisance, de Patriotisme et d'Humanité, arrivés depuis le Règne de HENRI IV jusqu'à nos jours;

Par M. L. B***.

Avec des Planches gravées en couleurs par M. DE MACHY, d'après les Dessins de MM. LE BARBIER, Peintre de l'Académie; DUVIVIER, Peintre de S. A. S. Mgr. le Duc de Bourbon; et autres célèbres Artistes.

8e LIVRAISON.

A PARIS,

DE L'IMPRIMERIE DE MONSIEUR.

Chez { L'AUTEUR, rue Saint-Pierre du Pont-aux-Choux, N°. 24.
{ DIDOT le jeune, Imprimeur, quai des Augustins.

M. DCC. LXXXVII.

AVEC APPROBATION ET PRIVILÈGE DU ROI.

MÉMORIAL

PITTORESQUE

DE LA FRANCE,

OU

Recueil de toutes les belles Actions, Traits de Courage, de Bienfaisance, de Patriotisme et d'Humanité, arrivés depuis le Règne de Henri IV jusqu'à nos jours;

Par M. L. B***.

Avec des Planches gravées en couleurs par M. De Machy, d'après les Dessins de plusieurs célèbres Artistes.

OUVRAGE PROPOSÉ PAR SOUSCRIPTION,

ET

Dédié à M. le Vicomte DE VAUDREUIL, Grand Fauconnier de France.

Exegi monumentum ære perennius. Horat.

A PARIS,

DE L'IMPRIMERIE DE MONSIEUR.

Chez { L'Auteur, rue Saint-Pierre du Pont-aux-Choux, N°. 24.
      { Didot le jeune, Imprimeur, quai des Augustins.

M. DCC. LXXXVI.

AVEC APPROBATION, ET PRIVILÉGE DU ROI.

A Monsieur
Le Comte de Vaudreuil
Grand Fauconnier de France

Monsieur

La protection particuliere dont vous honorez les arts nous fait prendre la liberté de vous offrir cet ouvrage, comme un Tribut du à l'Etendue de vos Lumieres, et a la profondeur de vos connoissances, Puisse, t'il meriter une place parmis ceux que vous avez honoré de votre Choix, et assurer à Jamais votre estime et votre recommandation à Ceux qui ont l'honneur d'Etre avec un Tres profond respect,

Monsieur

Vos très humbles et très
Obeissants Serviteurs
Bellavoine. de Machy.

TRAIT DE PATRIOTISME

SOUS LE RÈGNE

DE HENRI IV.

HENRI IV et LA DAME LE CLERC.

Le 14 Mars 1590.

APRÈS la bataille d'Ivry, qui troubla les projets des Ligueurs, Henri IV manqua d'argent; ses soldats se révoltèrent : les Suisses refusèrent de marcher, sans être payés ; et toutes les ressources étoient fermées à cet auguste Monarque. D'O, surintendant des finances, ne lâchoit l'argent qu'à regret; ensorte que le Roi étoit à la veille de perdre le fruit de ses victoires. Un confident (de Rosny) s'apperçut de son chagrin, et le rassurant, lui dit qu'il connoissoit une femme fort honnête et fort riche, et de plus Royaliste pleine de zèle et de vertus : cette femme demeuroit à Meulan. Allons-y tout de suite, dit le Roi à son confident. Ils partent *incognito*, et arrivent chez cette Dame, qui reconnoît d'abord le courtisan ; et, sans s'embarrasser de son compagnon de voyage, le félicita de tout son cœur du gain de la bataille, en lui demandant des nouvelles du Roi. Le confident lui fit l'exposé des chagrins et des embarras qui traversoient la victoire, par rapport à la disette d'argent.

A ces mots, la dame Le Clerc vole à son coffre fort, et apportant des sacs remplis d'or : Prenez, dit-elle, voilà tout ce que je peux vous donner : souhaitez à notre bon Prince le bonheur dont il est digne ; assurez-le qu'il règne dans le cœur de ses sujets, et que ma fortune et ma vie lui appartiennent sans réserve.

Madame, dit alors le Roi, il ne sera pas difficile qu'il l'apprenne à son Prince ; vous le voyez, et il vous entend. Madame Le Clerc se jeta aux pieds du Roi, qui ne put s'empêcher de laisser couler quelques larmes d'attendrissement.

Après que la Ligue fut dissipée, le Roi voulut qu'on rendît à Madame Le Clerc toute sa somme, avec de gros intérêts ; ce qu'elle refusa, en disant : Ah ! Sire, comptez-vous pour rien le plaisir infini que j'ai éprouvé en mettant toute ma fortune à vos pieds ? Le Roi lui accorda des Lettres de Noblesse, qui ont dans la suite rendu fort illustre la famille LE CLERC.

Il ne sera pas difficile, Madame, qu'il l'apprenne à son Prince, vous le voyez et il vous entend.

A. Sergent del. 1786.   P. Demachy Fils Sculp.

TRAITS DE CLÉMENCE

ET D'HUMANITÉ

DE LOUIS XV DIT LE BIEN-AIMÉ.

BATAILLE DE FONTENOY.

Année 1745.

La bonté, la clémence, l'humanité et l'amour de ses sujets, furent les principales vertus de Louis XV, et il se rappela toujours les dernières paroles que son bisaïeul lui avoit adressées en mourant : « Vous allez être un « grand Roi, mon fils ; mais ne m'imitez pas dans le « goût et la passion que j'ai eus de faire la guerre, et « conservez sur-tout la paix avec vos voisins. » Conseil digne du plus grand des Rois, et qui est resté gravé dans le cœur de Louis le Bien-Aimé.

En effet il ne fit jamais la guerre, qu'il n'eût tenté tous les moyens de l'éviter, et il préféra le bonheur et l'avantage de son peuple, à sa gloire et à ses propres intérêts. Pour s'en convaincre, qu'on se rappelle la réponse qu'il fit à l'occasion du siége de Menin, où il assistoit en personne ; c'étoit le 7 juin 1744. Après dix jours de tranchée ouverte, on lui dit, qu'en risquant une attaque qui ne coûteroit que très-peu de sang, on pourroit prendre la ville quatre jours plus tôt. « Eh « bien, répondit le Roi, prenons-la quatre jours plus « tard. J'aime beaucoup mieux perdre quatre jours de- « vant une place, que de perdre un seul de mes sujets. »

La même chose arriva après la bataille de Fontenoy, où il avoit remporté la victoire la plus complète. « Ecri- « vez, dit-il en parlant à son Secrétaire d'Etat, écrivez « en Hollande. Faites savoir aux vaincus, que je ne de- « mande que la paix de l'Europe, que ce n'est pas mon « avantage que je cherche, mais celui de mes peuples. » Cependant cette victoire, comme le dit M. de Voltaire, fut la plus belle et la plus heureuse que les François eussent remporté depuis long-temps, et qu'un Roi de France eût gagné en personne contre les Anglois.

Bien loin d'être enorgueilli de son succès, et uniquement occupé de son triomphe, Louis XV après la bataille parcourt les plaines d'Antoin, fait transporter lui-même les blessés. Des églises, transformées par son ordre en hôpitaux, sont destinées à recevoir les malades; les secours les plus abondans et les plus efficaces leur sont administrés avec le plus grand zèle; Officiers, Soldats, tous deviennent ses enfans : les Anglois mêmes, alors nos ennemis, se ressentent de la générosité de son cœur, ils sont traités comme nos frères et nos compatriotes. Hélas ! vit-on jamais tant d'humanité succéder à tant de valeur, et les ennemis victorieux auroient-ils eu autant de charité et de compassion ?

Tant de soins ne suffisent pas encore pour tranquilliser l'ame du Roi : peu satisfait de cette victoire qu'il n'a remportée qu'en faisant ruisseler le sang chéri de ses sujets, il veut encore que ce spectacle affreux serve à inspirer au Dauphin, son fils, toute l'horreur qu'il ressentoit lui-même pour les guerres les plus justes ; il le conduit à cheval à ses côtés, lui fait parcourir cette plaine, qui la veille avoit été le théâtre de son triomphe, et veut que ce jeune prince voie au naturel ce qu'il n'avoit jamais vu que dans l'histoire, une vaste plaine abreuvée de sang, des membres épars et séparés de leur tronc, des vainqueurs immolés sur le corps mutilé des vaincus, des cadavres amoncelés, et des milliers de mourans qui, en jetant des cris perçans, s'efforçoient de se dégager. Quelques-uns soulevoient encore la tête pour crier : Vivent le Roi et monseigneur le Dauphin, et expiroient dans ce dernier effort. Un spectacle aussi effroyable, arracha des larmes au jeune prince ; le Roi s'en apperçut, et lui dit : Apprenez, mon fils, ce que cette victoire coûte à mon cœur, et combien elle m'est chère et douloureuse.

F. Rivic pinxit. P. De Machy fil. sculp.

MATHIEU MOLÉ,

PREMIER PRÉSIDENT DU PARLEMENT,

E T

GARDE DES SCEAUX DE FRANCE.

Le 26 août 1648.

L'HÉROÏSME ne se trouve pas seulement sous l'armure de Mars ; il s'est quelquefois revêtu de la toge patricienne. Les annales de Rome nous en offrent un bel exemple dans la personne des sénateurs de cette capitale du monde, lesquels, assis sur leurs chaises curules, attendirent l'ennemi déjà maître du Capitole.

Le Mémorial de la France, à ce trait de l'histoire ancienne, peut en opposer un tiré de la Vie de Mathieu Molé, *cet homme de bien*, comme il est dit dans les Mémoires de la minorité de Louis XIV, *qui ne dut sa fortune qu'à ses vertus et à sa capacité.*

Premier Président du Parlement de Paris, ce magistrat étoit l'ame de ce corps antique et respectable; aucun des partis qui désoloient alors le royaume n'avoit pu l'entamer ; inaccessible à tous les intérêts divers qui divisoient ses contemporains, il n'embrassoit que la cause de la justice : peu d'hommes d'état se sont trouvés dans des temps plus difficiles, et surent se maintenir aussi intacts. Mathieu Molé ressembloit à ces fleuves limpides qui traversent, sans se troubler, des lacs infects et mal-sains.

Cher aux siens, estimé de ceux même auxquels il faisoit obstacle, sa présence rassuroit les uns, étoit un reproche tacite pour les autres. La Régente, Mazarin lui-même le craignoit ; et la nation, dupe de tous ses maîtres (car elle en avoit autant que de factieux en place), ne pouvant s'élever jusqu'à sa hauteur, ne lui accordoit pas sa confiance, mais n'osoit prononcer contre lui.

Le peuple docile, prend tour-à-tour les formes qu'on veut lui donner. Les plus adroits réussissent le mieux auprès de lui. Mais les sages, qui ne savent point fléchir, et qui ne daignent pas temporiser avec lui, le trouvent souvent rebelle, et ne s'occupent pas toujours impunément de sa tranquillité. Il ne faut rien moins que l'ascendant d'un grand caractère, et le spectacle d'une vertu vierge, pour lui en imposer ; et c'est ce que Mathieu Molé déploya avec tant d'avantage dans la circonstance qui fait le sujet de cet article.

Négociateur aussi habile qu'on peut l'être quand on ne se permet aucun moyen équivoque, il avoit ramené la paix entre le trône et les principaux partis ;

et cette conciliation sembloit devoir lui faire honneur et être reçue comme un bienfait; mais le peuple, qui ne s'en rapportoit pas aux lumières et à l'intégrité du médiateur, appréhendoit quelques piéges dans un traité souillé du nom de Mazarin, écrit de la main de ce ministre voué à l'exécration publique : en conséquence, sans trop savoir ce qu'elle veut, la multitude armée de ce qu'elle rencontre, se présente en hâte devant l'hôtel du Premier Président. Des factieux, répandus çà et là, allument encore et fomentent la révolte; des injures on passe aux menaces; déja mille gestes énergiquement prononcés semblent présager une catastrophe prochaine.

La famille du chef du sénat, dans les plus vives inquiétudes, l'entoure, en jetant des cris : ses gens vont pour fermer les portes.

« Que faites-vous? leur dit Molé; la maison d'un
« Premier Président doit être ouverte à tout le monde.
« Qu'on m'apporte ma simarre; je veux aller au Pa-
« lais. »

Il s'y rend d'un pas grave, d'un maintien assuré. Sur son passage, on lui crie : *Point de paix! point de Mazarin!* Vain bruit qui frappe son oreille, mais qui ne va pas plus loin. Des flots de séditieux inondent les portiques; la salle et les galeries en sont remplies. Tous ceux qui sont attachés au Premier Président s'approchent de lui, et tout tremblans l'avertissent du danger que lui seul semble ignorer. – Votre vie n'est point en sureté !

Mathieu Molé leur répond : « Il y a loin de la pointe « du poignard de l'assassin, au cœur de l'homme juste. »

Du moins, insiste-t-on, dérobez-vous par le Greffe.

« Non ! la Cour ne se cache jamais ; quand il seroit « certain que je dois périr, je ne rachèterois pas ma « vie avec une lâcheté. Les séditieux n'en auroient que « plus d'audace. S'ils s'appercevoient que je les crains, « ils me trouveroient bientôt dans ma maison. »

Il délibère tranquillement avec les sénateurs assemblés, et sort. Ses huissiers le précèdent à la manière accoutumée. Il va au-devant des séditieux attroupés, et jette sur eux un de ces regards où toute sa grande ame étoit peinte. On se tait, on admire, on s'incline ; et tout est dissipé.

Mathieu Molé avoit montré précédemment la même fermeté dans une autre émeute populaire excitée par la détention du conseiller Broussel.

Il mourut, revêtu de la dignité de Garde des Sceaux, le 3 janvier 1656.

Il y a loin de la pointe du poignard de l'assassin au cœur de l'homme juste.

HENRI IV,
BON PERE DE FAMILLE.

Année 1604.

Dans un temps où les devoirs de famille sont négligés, où les plaisirs domestiques n'inspirent que du dégoût, suffira-t-il pour les rappeler, de citer l'exemple du plus grands de nos Rois et du meilleur des hommes? On a vu des Monarques qui, peu faits pour le trône, sembloient n'avoir été destinés que pour être de bons pères de famille; d'autres, tout entiers aux affaires d'état, ivres de gloire ou dévorés d'ambition, sont devenus comme étrangers au milieu de leurs enfans. Qu'il est touchant de voir le héros de son siècle, celui qui balançoit les destins de l'Europe, après avoir opéré la plus heureuse et la plus étonnante révolution parmi ses sujets; qu'il est touchant de voir ce même Prince se montrer le père de son fils, comme il l'étoit de son peuple!

L'étiquette n'est que trop ordinairement une barrière élevée entre les Rois et la nature. On diroit que parce qu'on est homme public, il faille renoncer aux douceurs de la vie privée. A entendre certains politiques, du moment où l'on se trouve monté sur un trône, on ne doit plus en descendre pour jouer le rôle de simple particulier : à les en croire, il doit suffire à un Monarque de s'être donné un héritier ; les détails de la paternité sont trop au dessous des fonctions de la royauté ; les vertus roturières sont le partage des plébéïens.

Qu'un Roi seroit malheureux, si la dignité suprême dont il est revêtu, le sevroit des jouissances attachées au titre d'homme !

Quelqu'un a dit : *Un Roi est sans parens.* On en a conclu que les momens qu'un Roi donnoit à sa famille, étoient autant de vols faits à la chose publique ; que, d'ailleurs, le cercle des devoirs et des plaisirs de famille rétrécissoit la vue, et quadroit mal avec la hauteur et l'étendue des plans qui roulent dans une tête couronnée.

Qu'on se détrompe. S'il est vrai qu'une Monarchie, tant vaste qu'on la suppose, n'est toujours, en dernière analyse, qu'une vaste famille ; un Roi bien pénétré du titre de père envers ses enfans, ne peut être, à coup sûr, un tyran envers ses sujets. S'il est vrai que les mœurs sont la base d'un empire, les hommes étant imitateurs-nés, la bonne conduite du Monarque est une loi tacite et impérieuse pour le reste de l'état. Qui rougiroit d'être époux et père tendre, à la vue d'un Roi qui est l'un et l'autre? et quelle force, quelle consistance n'auroit pas un royaume dont tous les individus, les yeux fixés sur ce qui se passe dans l'intérieur du ménage de leur Prince, voudroient se montrer, à l'envi l'un de l'autre, de bons pères de famille ? Toutes les dames de la cour et de la ville mirent au rang de leurs plus douces et de leurs plus honorables occupations, celle de nourrir leurs enfans, du moment qu'elles virent la Reine Blanche allaiter elle - même son fils auguste, Louis IX.

Laissons donc ces prétendus hommes d'état, avec leur morgue, jeter un œil de dédain sur de pareils tableaux. Pénétrons dans le palais de nos Rois, et soyons-y témoins de la scène attendrissante que notre bon Henri ne craignit pas d'y donner.

Ce grand Monarque, qui n'appeloit pas la Reine autrement que *ma femme*, et qui vouloit aussi que ses enfans lui donnassent le nom de *papa*, au lieu de celui de *Monsieur*, prenoit ses plus doux ébats au sein de sa famille. C'est là qu'il venoit déposer la majesté du trône, pour n'être que citoyen. Tenant sa cour à Fontainebleau, en 1604, pour compléter ses divertissemens, il fit venir le Dauphin (depuis Louis XIII), qui résidoit au château de Saint-Germain-en-Laie, pendant sa première éducation.

Dans un de ces momens d'abandon paternel, le bon Henri, pour amuser son fils, le place *à dada* sur son

dos, et marchant *à quatre pieds*, se met à parcourir tout l'appartement où il se trouvoit. Au beau milieu de ce charmant voyage, un Ambassadeur se présente, et surprend dans cette grotesque posture le vainqueur de la Ligue et le Monarque des François. Le bon Henri, sans se relever, s'arrête, et dit : « Monsieur l'Ambassa-
» deur, avez-vous des enfans ? »

« Oui, Sire. »

« En ce cas, je puis achever le tour de la chambre. »

On rapporte à peu près le même trait d'Agésilas, Roi de Sparte.

Louis XIII n'avoit guère alors que trois ans, étant né à Fontainebleau le 27 septembre 1601. Au moment de sa naissance, Henri IV lui donna sa bénédiction, et lui ceignit son épée, en disant : « La puisse-tu, mon fils,
« employer à la défense du peuple ! »

Nota benè. Peu d'historiens contemporains ont rapporté cette anecdote touchante de la vie privée de Henri IV. On a même été jusqu'à la croire apocryphe et renouvelée des Grecs. Mais, outre que nous ne sommes pas les premiers à la publier, elle est si bien dans le caractère du bon Roi, et si à propos dans un temps qui n'est pas l'époque la plus honorable pour les mœurs, que nous n'avons pu nous résoudre à nous en dessaisir. Si nous essuyons quelques reproches à ce sujet, nous sommes certains qu'ils ne nous seront pas adressés de la part des bons pères de famille ou de leurs enfans.

„Monsieur l'Ambassadeur, avez-vous des Enfans?„
„Oui, Sire.
 „En ce cas je puis achever le tour de la Chambre.„

MOT HÉROÏQUE

D'un Soldat aux Gardes Françoises, mourant à la Bataille de Nerwinde.

29 Juillet 1693.

Parler de la bataille de Nerwinde, c'est rappeler à la mémoire le chef-d'œuvre du célèbre maréchal de Luxembourg; c'est réveiller le souvenir d'une des journées où la valeur et l'intrépidité des troupes Françoises se sont montrées avec le plus d'éclat; c'est entretenir la nation de ses héros et de sa gloire.

Une suite de victoires brillantes avoit rendu au génie de Louis XIV, l'ascendant qu'il sembloit avoir perdu depuis la mort de Turenne et du grand Condé. Les Alliés avoient été forcés de se convaincre que ces deux grands hommes avoient de dignes successeurs dans Catinat et dans Luxembourg; mais leur courage n'étoit point abattu, et ils n'aspiroient qu'au moment de réparer leurs défaites. Ils avoient à leur tête le prince d'Orange, homme redoutable par la ténacité de son caractère, hardi dans ses résolutions, ferme dans ses projets, malheureux dans les combats, mais plus à craindre dans ses revers, que d'autres généraux ne le sont après la victoire. Il s'étoit approché

MÉMORIAL PITTORESQUE
de la petite ville de Landen dans le Brabant. Les deux armées étoient en présence. Le 29 juillet 1693, au lever de l'aurore, nos généraux reconnurent que les Alliés étoient couverts par de bons retranchemens garnis de quatre-vingts pièces de canon, défendus par un large fossé; et que la Jausse étoit couverte de ponts qui leur offroient un libre passage. Ce spectacle les étonna d'autant plus que les François s'étoient flattés d'avoir jeté la terreur dans le camp ennemi, et de le voir bientôt abandonné par une fuite honteuse et précipitée. Le maréchal de Luxembourg n'en fut point déconcerté. Un coup-d'œil prompt, un jugement sain, une expérience consommée, de grandes vues, des ressources inépuisables, un courage qui jamais ne dégénéroit en témérité, une indifférence stoïque au sein des fatigues et du carnage, caractérisoient ce héros. Avec tant de qualités, Luxembourg ne devoit éprouver aucun effroi, aucune surprise : il étoit d'ailleurs entouré d'officiers d'un mérite distingué; il avoit l'honneur de voir marcher sous ses ordres, M. le Duc, petit-fils du grand Condé, le prince de Conti, le duc de Chartres, qui fut depuis duc d'Orléans, et Régent du royaume, et il savoit quelle confiance il avoit inspirée aux soldats. Sans perdre un instant, il assigna les postes, et fit le partage des attaques. Celle du village de Nerwinde fut confiée à MM. de

Rubantel, de Montchevreuil, de Berwick et de Bressé; celle de Néerlanden le fut au prince de Conti, et au marquis de Créqui. Ce dernier poste fut emporté presque aussitôt qu'il eut été attaqué.

Pendant ces attaques, la cavalerie marchoit droit au retranchement des Alliés. Les fossés étoient si larges, que les chevaux ne purent les franchir; mais les officiers et les soldats aimèrent mieux rester exposés au feu des ennemis, que de retourner sur leurs pas. Ils voyoient leur rang s'éclaircir, avec une indifférence dont le prince d'Orange étoit confondu. Aussi, quand il eut considéré nos troupes pendant un certain temps; quand il eut vu les hommes et les chevaux entassés mourir à leur place, et le reste des bataillons immobile : » Voyez » les François, cria-t-il à ses troupes ; apprenez d'eux » à braver la mort; ce n'est qu'en les imitant, que vous » saurez les vaincre. « Ce reproche ne fut pas sans effet. Les Alliés se ranimèrent, et les François, attaqués avec fureur, furent repoussés du village de Nerwinde. Leur retraite échauffa M. le Duc du plus héroïque enthousiasme ; il courut vers le maréchal : » Laissez-moi » faire, lui dit-il, je vais les reconduire au poste qu'ils » ont quitté, et je les y établirai de manière à épou- » vanter les Alliés. « » Ah! s'écria le Maréchal, à une » pareille résolution, je reconnois le sang du grand » Condé. Comme vous, votre aïeul eût formé ce

» projet; vous l'exécuterez comme lui. « On forma donc une quatrième attaque. La Maison du Roi, commandée par le maréchal de Villeroy, fut d'abord repoussée; mais elle retourna à la charge sans attendre l'ordre, et entra dans les retranchemens ennemis, malgré la plus opiniâtre et la plus vigoureuse résistance.

M. le Duc ne fut pas le seul prince du Sang Royal, qui se distingua dans cette journée. Le prince de Conti, accompagné de M. de Surbeck, qui commandoit une brigade de Suisses, s'avança pour soutenir la Maison du Roi. L'endroit étoit si périlleux, que l'écuyer du Prince, et plusieurs de ses domestiques, furent tués à ses côtés; mais rien ne put ébranler ni ralentir son courage.

Le duc de Chartres ne montra pas moins d'intrépidité. Le Maréchal voulut se servir de son autorité, pour l'empêcher de se précipiter, comme il le faisoit, dans les chocs les plus dangereux: le jeune Prince fut insensible à ses défenses. » Puisque je ne puis rien sur lui,
» essayez donc de le contenir, dit alors Luxembourg au
» marquis d'Arcy, gouverneur du Duc, et ménagez le
» sang de votre élève. « » Les Princes, répondit d'Arcy,
» ne doivent paroître au milieu des combats, que pour
» donner aux troupes l'exemple du courage. Si mon
» élève ne pouvoit pas pénétrer dans la mêlée, je lui
» frayerois un chemin au prix de mon propre sang. Les périls

Où vas-tu, malheureux ? Mourir !

TRAIT DE BONTÉ
DE LOUIS DE FRANCE,
DUC DE BOURGOGNE,
Depuis Dauphin, et père de Louis XV, dit
LE BIEN-AIMÉ;

Précédé d'un coup-d'œil sur la vie de ce Prince.

Année 1682, à 1712.

Nous avons, dit Voltaire, à la honte de l'esprit humain, cent volumes contre Louis XIV, et pas un seul qui fasse connoître les vertus du duc de Bourgogne, qui auroit mérité d'être célébré, s'il n'eût été que particulier.

C'est trente ans avant sa mort que l'auteur de la Henriade a imprimé cette phrase, qui sembloit annoncer une vie du duc de Bourgogne; et l'attente du public a été trompée. Après avoir articulé un reproche aussi justement fondé, quelle raison peut avoir engagé Voltaire à ne pas réparer une négligence honteuse pour les historiographes françois ? Gardons-nous de la chercher ; regrettons seulement qu'un de nos plus beaux génies n'ait pas consacré ses talens à la gloire d'un Prince dont il paroît avoir senti tout le mérite, et dont les qualités éminentes sont encore trop ignorées aujourd'hui.

Dans le court espace que nous avons à parcourir, il nous seroit difficile de développer d'une manière absolument satisfaisante, tout le caractère moral de Louis de France duc de Bourgogne ; mais nous allons tâcher d'en exposer les traits les plus intéressans ; et si l'hommage que nous lui rendons n'est pas tout-à-fait digne de lui, il sera au moins une preuve de notre sensibilité et de notre vénération pour la mémoire des princes qui ont mérité d'être aimés des peuples dont ils ont voulu le bonheur.

Si quelque exemple est capable de faire sentir jusqu'à quel point l'éducation peut influer sur les vices et sur les vertus des grands de la terre, c'est celui du duc de Bourgogne. « A sa naissance, dit l'abbé de Choisy, on « devint presque fou. LOUIS XIV se laissoit embrasser « par qui vouloit. Pour témoigner sa joie, on brûloit « tout ce qu'on rencontroit sous sa main, même les « lambris et les parquets destinés pour la grande galerie « de Versailles, et le Roi ne s'en fâchoit pas. » L'objet d'une idolâtrie si hâtive fut élevé, dans ses premières années, comme le sont tous les Princes. Il étoit né fier, impétueux, volontaire, opiniâtre. Heureusement pour lui et pour la France, il eut pour gouverneur et pour précepteur, deux des plus honnêtes hommes de la cour de son aïeul; le duc de Bauvilliers, et l'abbé de Fénelon, depuis auteur de Télémaque, et archevêque de

Cambray. Fénelon! A ce nom respectable, l'esprit sourit, la raison pense, l'humanité respire et la religion se réveille. Fénelon étudia le tempérament et l'ame de son élève. A côté des défauts dont sans cesse il étoit forcé d'apercevoir les saillies, il distingua le germe de toutes les vertus ; il s'occupa de réprimer les uns, de donner de l'essor aux autres, et bientôt le disciple devint l'égal de son adorable instituteur.

Il faudroit suivre Fénelon dans tous les détails de l'éducation du duc de Bourgogne, pour démontrer combien il y employa de prudence, de modération, de sagesse et de lumières. Qu'il nous suffise de citer une anecdote qui pourra présenter une idée des soins que se donnoit le précepteur, pour offrir au Prince, comme par hasard, des leçons qui pussent le frapper et lui devenir utiles.

La colère étoit le défaut capital du duc de Bourgogne. Il s'y laissoit quelquefois emporter jusqu'à la violence. Un jour qu'il s'arrêtoit à considérer les outils d'un menuisier qui travailloit dans son appartement, l'ouvrier, instruit par Fénelon, lui dit impérativement de passer son chemin. Peu fait à de pareilles manières, le Prince se fâcha ; mais le menuisier, loin de paroître intimidé, haussa le ton d'une façon effrayante, et s'écria comme en fureur : « Mon Prince, retirez-vous ;
« car lorsque je suis en colère, je casse les bras et les

« jambes à tous ceux qui heurtent ma volonté. Le
« Prince véritablement épouvanté, courut dire à son
« précepteur, qu'on faisoit travailler chez lui le plus
« méchant homme de la France. Quel dommage ! dit
« Fénelon : c'est un bien bon ouvrier, et dans le fond,
« c'est un excellent homme ; mais il a l'habitude de se
« livrer à la colère, et ce défaut éteint toutes ses bonnes
« qualités ! Excellent homme tant qu'il vous plaira,
« reprit le Prince ; mais il faut le renvoyer et le punir.
« Le punir ! répliqua Fénelon ; je le crois plus digne
« de pitié que de punition. Vous l'avez distrait de son
« travail, il vous a prié de ne le point interrompre ;
« vous ne l'avez pas écouté, il vous a menacé, et vous
« l'appellez un méchant homme, lui ! né dans la der-
« nière classe de la société, lui ! dont aucune éducation
« n'a combattu les vices ! Quel nom donneriez-vous donc
« à un Prince, qui, sans cause légitime, battroit son
« valet-de-chambre, à l'instant même où il en exigeroit
« des services. » Le duc de Bourgogne rougit, garda
le silence, et se promit bien de dompter sa propension
naturelle à l'emportement et à la fureur. Aussi quand
il étoit près d'y céder, le voyoit-on s'appuyer sur une
table ou sur une chaise, presser ses joues de ses deux
mains, et rester dans cette position gênante, jusqu'à ce
que sa tête fût calmée. Alors tout lui étoit possible
contre lui-même, l'orgueil étoit étouffé par la raison.

Le

TRAIT DE BONTÉ DE LOUIS DE FRANCE, DUC DE BOURGOGNE
DEPUIS DAUPHIN ET PERE DE LOUIS XV.

ENVERS UN VIEIL OFFICIER QUI FIT DES PRODIGES DE VALEUR
AU SIEGE DE BRISACH.

,, Restez, vous souperez avec moi, je vous apprendrai la Cour, et vous m'apprendrez la Guerre. ,,

Le duc de Bourgogne n'oublia jamais ce qu'il devoit à son précepteur ; et quand celui-ci, alors archevêque de Cambray, encourut les censures de l'église, pour son livre des *Maximes des saints*, quand il déplut à son maître subjugué par l'ascendant de l'inexorable Bossuet, quand il fut disgracié, le Prince lui resta constamment attaché, et il employoit toutes les ressources propres à lui faire parvenir mystérieusement des lettres qu'il appeloit de consolation. Ce sentiment d'amour et de reconnoissance le suivit jusqu'au tombeau, et il en a donné des preuves réitérées dans le cours de sa vie. Si nous ne craignions pas d'encourir le reproche de sortir de notre sujet, nous rappellerions ce mot que dit Innocent XII, en plein consistoire, au mois de mars 1699, le jour même qu'il condamna les *Maximes des saints* : « L'archevêque « de Cambray a péché par excès d'amour de Dieu, et « l'évêque de Meaux, par défaut d'amour du prochain. » Mais il vaut mieux parler du duc de Bourgogne, que d'une querelle théologique.

Louis XIV étoit fait pour deviner les talens partout où ils étoient placés. Il reconnut bientôt qu'il avoit un petit-fils digne de lui, et il le mit à la tête de ses armées. Les premiers pas du duc de Bourgogne dans l'art militaire furent glorieux et brillans. Ce qu'on remarqua sur-tout en lui dans sa première campagne, c'est le flegme philosophique avec lequel il donnoit ses ordres, au sein même du péril, qu'il ne paroissoit ni chercher ni fuir. Tel il se montra sous les murs de Nimègue, tel il fut toujours dans les combats. Il avoit été grand, noble et juste à la cour; il fut de même au milieu des camps. Il méprisoit la mort sans la chercher avec témérité; il aimoit la vie, sans y être trop attaché, parce qu'il aimoit les hommes, et il s'exposoit facilement au danger toutes les fois qu'il croyoit que le sacrifice de ses jours pourroit être utile à l'état. Ses manières affables et douces en avoient fait l'idole du peuple et de l'armée. Il étoit avare du sang des soldats, vantoit leur courage, excusoit leur rudesse : il descendoit avec bonté jusqu'à eux, dans l'intention de les élever jusqu'à lui, et d'ajouter quelque chose à leur patriotisme comme à leur valeur. Sa conduite en Flandre, où il avoit en tête le célèbre duc de Marlborough; peu de temps après, la prise de Brisach, place regardée comme une des plus fortes de l'Europe, et qui avoit été fortifiée par le Maréchal de Vauban, le couvrirent de gloire, parce qu'il y montra, au témoignage des historiens Hollandois, la fermeté, l'application et la prudence d'un vieux général. Tout ceci se passoit en 1703. En 1708, lorsqu'il fut remis à la tête des armées, et envoyé en Flandre pour secourir le maréchal de Boufflers assiégé dans Lille par le prince Eugène, il ne se comporta pas avec moins d'intelligence, de bravoure et de sagesse, et néanmoins on lui attribua la perte de cette ville. On l'accusa de timidité, de foiblesse, presque de lâcheté; on le jugeoit par le succès, et non pas d'après tous les efforts de son activité, appréciables seulement par les gens de l'art. On affecta d'oublier qu'il avoit enlevé à l'ennemi un grand nombre de convois; qu'il l'avoit privé de secours puissans, et que le prince Eugène avoit établi son camp d'une manière qui le rendoit vraiment inexpugnable. Les choses furent portées si loin, que la duchesse son épouse disoit en pleurant à madame de Maintenon. « Que je ressens « vivement les malheurs de la France, et que je rougis « pour mon époux ! » « Ces pleurs sont trop précieux, « lui répliqua Madame de Maintenon, pour ne les pas « recueillir. » En effet, elle les essuya avec un ruban qu'elle envoya au Prince. Le duc de Bourgogne souffrit l'injustice de la nation en philosophe, en homme satisfait d'avoir rempli tous ses devoirs. Il reparut à la cour; le maréchal de Boufflers l'y suivit bientôt, et la manière dont ce grand homme s'expliqua sur les opérations du Prince, réduisit au silence ses indignes calomniateurs.

Si le duc de Bourgogne fut grand à la tête des armées, à la cour et dans sa vie privée, il fut encore bon, sensible, doux, généreux. Lorsque la mort de Monseigneur le fit héritier présomptif de la couronne et dauphin de France, il se livra, avec la plus vive application à l'étude de tous les devoirs d'un roi. L'église, le gouvernement militaire, la justice, les finances, il avoit jeté un coup-d'œil observateur et attentif sur tous ces grands objets, comme sur ceux qui peuvent y être relatifs, et toutes ses études avoient pour but principal le bonheur des peuples, dont il pouvoit devenir le maître. Jamais Prince ne se montra plus jaloux de leur estime et de leur amour. Il croyoit avec raison que c'est à la tendresse que les peuples ont pour les Princes qu'on peut déterminer jusqu'à quel point ceux-ci ont été exacts à remplir les obligations difficiles qui leur sont imposées. Il s'informoit souvent et avec inquiétude de ce qu'on pensoit ou de ce qu'on disoit de lui dans le royaume. « J'aimerois « mieux, s'écrioit-il quelquefois, être le particulier le « plus obscur de la nation, que d'en devenir le roi « sans en être aimé. » Voilà les sentimens qui font les bons rois ! voilà ceux qui les préparent à se rendre dignes de l'amour que les nations sensibles et généreuses se plaisent à leur porter en tribut ! voilà enfin les sentimens adorables qui rendent les Princes moins les maîtres que les pères de leurs sujets.

Bon fils, bon époux, bon père, bon ami, grand capitaine et propre à tout concevoir, comme à tout exécuter, le Duc de Bourgogne fut encore un modèle des vertus religieuses et des vertus domestiques. Pieux sans ostentation, généreux sans faste, avare pour lui et prodigue pour

pour les malheureux, insensible à tous les sacrifices auquels ils se condamnoit pourvu qu'ils tournassent au soulagement de l'humanité souffrante, tel étoit son caractère. A la mort de Monseigneur, il devint l'héritier de son rang, sans vouloir l'être de ses pensions. « L'état « est trop obéré, dit-il, pour que je consente à les « accepter : je suis devenu dauphin, mais je puis conti- « nuer de vivre en duc de Bourgogne. » « Les Princes, « dit-il dans une autre occasion, n'ont pas de plus sûr « moyen de faire du bien au peuple, que de retrancher « de leurs dépenses ; ils exercent par-là deux vertus à- « la-fois, la charité et la modestie. »

Ce Prince digne de tous les regrets mourut avant d'avoir accompli sa trentième année. Sa mort pénétra Louis XIV de la plus vive douleur; elle plongea la France dans le deuil. Il n'est pas besoin de dire qu'elle déchira le cœur du tendre Fénelon. « Mes liens sont « rompus, s'écria-t-il, rien ne sauroit plus m'attacher à « la terre ! » Il ne survécut que trois ans à son auguste élève.

Ce qu'il faut le plus admirer dans le duc de Bourgogne, c'est la douceur de son esprit et son extrême affabilité, parce que la nature sembloit l'avoir peu disposé à ces vertus, dont il dut le développement à Fénelon, et qu'il ne démentit jamais. Voici un trait de bonté qui prouve autant la délicatesse de son esprit que l'indulgente aménité de sa raison, qui est presque ignoré, et qu'il est juste de faire connoître.

Au siége de Brisach, il distingua un vieil officier qui faisoit des prodiges de valeur. Quand la ville fut prête à capituler, le Duc le manda dans sa tente, pour le complimenter. Le vieillard y entra au moment où le Prince venoit de se mettre à table, et s'y plaça sans y avoir été invité, avec une liberté toute gauloise. L'inquiétude et l'étonnement des assistans éclaira sur sa faute le militaire, qui se leva en rougissant, et se retiroit confus. « Restez, lui dit le Duc avec un sourire d'en-
« couragement, vous souperez avec moi, je vous
« apprendrai la cour, et vous m'apprendrez la guerre. »
C'est à de pareils traits que l'on connoît l'esprit, l'ame, le caractère des grands Princes, et c'est en descendant ainsi de la hauteur de leur rang qu'ils prouvent le mieux combien ils en sont dignes.

TRAIT EXTRAORDINAIRE

DE COURAGE,

DE BIENFAISANCE ET D'HUMANITÉ.

CATHERINE VASSENT.

Premier Avril 1788.

Il est des actions que l'on ne sauroit trop vanter, et dont l'éloge doit trouver par-tout sa place. De ce nombre est celle qui a mérité à Catherine Vassent une couronne civique dans la ville de Noyon, sa patrie, et qui, le 25 août dernier, lui a fait décerner, par l'Académie françoise, le prix de vertu qu'un citoyen anonyme y a fondé il y a quelques années.

Graces soient rendues à l'homme généreux et sensible dont ce prix est un bienfait, moins pour la récompense pécuniaire qu'il y a voulu attacher, que pour la solennité avec laquelle il a désiré qu'il fût donné! Cet hommage public accordé à la vertu, dans un temps où elle est réellement très-rare, peut en réveiller l'amour dans les cœurs où il n'est pas tout-à-fait éteint; et l'intéressante utilité dont il doit être, ne le rend pas moins honorable pour son fondateur, que pour ceux qui se seront montrés dignes de l'obtenir.

A

Le 31 mars de cette année, vers dix heures du soir, le sieur Despalles, perruquier à Noyon, voulut faire faire, en sa maison, la vidange d'une fosse d'aisance. On fit l'ouverture de cette fosse dans une cave où l'on descend par quatorze marches, et qui a son entrée sur la rue. Quatre hommes appelés pour la vidange y descendirent l'un après l'autre. Tous quatre, tour-à-tour, furent frappés d'asphyxie, et tombèrent sans connoissance. Le sieur Despalles appela du secours. Plusieurs personnes se présentèrent. Parmi elles on distinguoit M. Sézille, lieutenant-général du Bailliage, M. de la Breuille, chanoine et vicaire-général du diocèse, et M. Joyant, commissaire de police. Après avoir fait jeter des anti-méphytiques dans le gouffre pestilentiel, on proposa de descendre dans la cave. Personne ne s'offrit, l'effroi avoit glacé tous les courages. Catherine Vassent, domestique d'une maison voisine, fille âgée de vingt ans, étoit là présente : « Que ne suis-« je garçon ! dit-elle avec un mouvement d'énergie « et de douleur qui annonçoit l'état de son ame, je « descendrois, je sauverois les malheureux. » Puis, s'apercevant que M. l'abbé de la Breuille se disposoit à descendre, elle s'avance, lui dispute l'honneur de son héroïque dévouement, prend à peine quelques légères précautions, se saisit d'une cruche de vinaigre, et descend dans la cave. Quand elle y fut arrivée, elle

TRAIT EXTRAORDINAIRE DE COURAGE DE BIENFAISANCE & D'HUMANITÉ
DE CATHERINE VASSENT, AGÉE DE 20 ANS
RETIRANT D'UNE FOSSE D'AISANCE QUATRE MALHEUREUX ASPHYXIÉS
à Noyon la Nuit du 31 Mars 1788, dans la Maison d'un Perruquier.

répandit du vinaigre de tous les côtés, et la vapeur méphytique, en s'élevant, lui laissa la faculté de distinguer les objets. La vue des quatre victimes redoubla son courage : elle remonta l'escalier, prit une corde, dont elle laissa un bout à MM. Sézille et de la Breuille, redescendit, aperçut un des quatre hommes, le lia par le bras. Pendant que l'on tiroit du haut, elle soutint la tête de l'infortuné, et le conduisit ainsi hors de la cave. Elle répéta la même opération pour le second et pour le troisième. Ils étoient tous sans mouvement, et dans un état peu différent de la mort. Déja deux chirurgiens qu'on avoit appelés, avoient administré des secours utiles; déja les asphyxiés donnoient quelques signes de vie. Le plaisir et le bonheur étinceloient dans les yeux de Catherine Vassent : elle n'en montroit que plus d'ardeur à tenter de sauver aussi le quatrième; mais l'influence de la vapeur empoisonnée avoit agi sur elle, et elle perdit l'usage de ses sens. On peut se figurer de quelle vive douleur tous les assistans furent pénétrés, et avec quel empressement on prodigua les secours autour d'elle. Cependant il restoit un homme dans la cave; chaque minute qui s'écouloit rendoit sa mort plus certaine : un vidangeur avoit voulu descendre, et il étoit remonté rapidement. Alors Catherine Vassent revient de son évanouissement. Son premier mouvement est de remarquer ce qui se passe, d'observer si quelque personne aussi courageuse que sensible a voulu achever son ouvrage. Elle voit sur tous les visages l'inquiétude et la consternation. L'humanité lui rend ses forces; elle s'élance avec vivacité des bras de ceux qui l'ont rappelée à la vie. « Non, dit-elle, non, quand j'ai sauvé « trois hommes, je ne veux pas que le quatrième pé- « risse faute de secours. » Alors elle se munit d'un croc, d'une corde, prend à la hâte quelques nouvelles précautions, et rentre dans la cave, en disant: « Que « je serois heureuse, si je pouvois sauver encore « celui-ci ! » Elle ne tarda point à s'apercevoir que ses efforts et son courage seroient inutiles. « Hélas ! « s'écria-t-elle, avec un soupir d'angoisse, il est mort ! « il ne se prête à aucun secours. » Néanmoins, elle lui attacha la corde au bras; le porta, en soutenant sa tête, et le conduisit dehors. Les trois premiers revinrent de leur asphyxie, mais le quatrième, qui se nommoit Alexis Lardé, ne put être arraché à la mort, malgré tous les soins qu'on lui prodigua. Lorsque Catherine Vassent en fut informée, ses yeux se remplirent de larmes. Elle avoit redonné la vie à trois hommes; son cœur auroit dû être satisfait : mais l'aspect de celui dont elle n'avoit pu parvenir à sauver les jours, la pénétroit de la plus vive douleur, et elle soupiroit amèrement.

Ici

Ici les réflexions se présentent en foule, et elles sont toutes à l'honneur de Catherine Vassent. Que de vertu! que de courage! que d'héroïsme! que d'énergie! que de sensibilité dans une fille de vingt ans! Quelle élevation de sentimens dans un état où ordinairement l'ame s'avilit et se dégrade par l'habitude de se soumettre aux volontés arbitraires, souvent même aux caprices d'autrui! Mais les belles ames savent se conserver pures et intactes, dans quelque position que le sort les ait placées. Leur première, leur plus délicieuse jouissance, est d'avoir des vertus, de les pratiquer en silence, de les rendre utiles sans faste et sans orgueil. Lorsque la sensible Catherine multiplioit les efforts, lorsqu'elle oublioit le soin de sa propre existence pour ne s'occuper que de quatre infortunés qui lui étoient inconnus, aucun sentiment personnel n'éveilloit l'activité de son ame; l'humanité seule entraînoit son cœur, animoit son courage. Loin de penser qu'elle faisoit une action qui lui seroit glorieuse, elle ne pensoit pas même qu'il lui fût dû de la reconnoissance. Eh! combien n'a-t-il pas existé de ces cœurs généreux et modestes, auxquels il n'a manqué que des circonstances pour faire éclater toute leur sensibilité!

On pourroit s'étonner d'apprendre que Catherine Vassent, s'étant évanouie après avoir rendu trois hommes à la lumière, on ait souffert qu'elle soit descendue une quatrième fois dans un gouffre dont le poison l'avoit déjà frappée. En effet, dès ce moment, cette fille intéressante étoit devenue un être sacré, et peut-être étoit-il indiscret d'exposer ses jours pour ceux d'un homme dont le salut devoit paroître au moins équivoque; mais il est à présumer qu'elle avoit fait passer dans toutes les âmes, l'enthousiasme dont la sienne étoit pénétrée; que le sentiment de son héroïsme avoit fait disparoître celui de son danger; et cette dernière réflexion doit ajouter à l'idée que l'on peut prendre de cette fille généreuse.

Catherine Vassent est née d'un père qui, dans un incendie, s'est jeté au milieu des flammes pour en enlever un enfant qu'elles alloient dévorer. Elle est digne de son père. Le Roi lui a donné des marques de bonté. Le prince qui tient Noyon dans son apanage l'a comblée de bienfaits. Sa patrie lui a décerné une médaille et une couronne. Elle a obtenu le prix de la vertu. La France entière la nomme en bénissant son nom. Mais, comme l'a dit, à la séance du 25 août dernier, M. Gaillard, alors directeur de l'Académie françoise : « Que sont toutes les palmes et toutes les cou-« ronnes, comparées au bonheur d'avoir sauvé la vie « à trois hommes ? » Il auroit pu ajouter, sur-tout pour un cœur tel que celui de Catherine Vassent.